ÉROTOMANIE

Mon mini-guide pour tout comprendre

Veda KEIRELL

Date de publication : 16/03/2023

Imprimé à la demande

Dépôt légal : avril 2023

Éditeur : Veda KEIRELL, Andrésy 78570, Yvelines, France

vedakeirell@gmail.com

ISBN : 9798387255113

A. INTRODUCTION

Les études sur l'érotomanie sont rares. Ayant été moi-même victime d'une collègue érotomane, j'ai souhaité consigner dans ce petit guide très sommaire les éléments clés pour comprendre cette psychopathologie. Il est loin d'être exhaustif, il est sans prétention et simple mais il aura le mérite, je l'espère de vous éclairer sur ce sujet méconnu du grand public.

B. DÉFINITION ET EXPLICATION CLINIQUE DE L'ÉROTOMANIE

L'érotomanie est un trouble psychiatrique rare caractérisé par une croyance délirante en l'amour d'une personne envers soi-même. En d'autres termes, l'érotomane est convaincu que la personne, objet de son désir, l'aime, même si celle-ci est en réalité indifférente ou qu'elle ne connaît pas l'érotomane. Cette psychose affecte la capacité d'une personne à discerner la réalité de la fantaisie en matière de relations amoureuses.

Les individus atteints de cette condition croient souvent que leur amour est partagé et que la personne de leur affection leur envoie des signaux ou des messages cachés. Cela peut conduire à des comportements de harcèlement et d'obsession à l'égard de la personne ciblée. Cette conviction peut être très intense et durable.

 Dans ce mini-guide, nous allons explorer les différentes caractéristiques de l'érotomanie, les symptômes, les causes potentielles de la condition, les traitements disponibles et évoquer quelques érotomanes connus de l'histoire.

L'érotomanie est souvent confondue avec l'amour obsédant, mais il existe des différences claires entre les deux. Dans l'amour obsédant, la personne éprouve des sentiments intenses pour une autre personne, mais ces sentiments ne sont pas basés sur une croyance délirante selon laquelle l'autre personne est amoureuse en retour. De plus, l'amour obsédant n'est généralement pas considéré comme un trouble mental, à moins qu'il ne cause des comportements dangereux ou obsessionnels. En revanche, l'érotomanie est considérée comme un trouble mental car elle implique une croyance délirante persistante.

1. <u>D'un point de vue scientifique :</u>

Plusieurs études ont été menées sur l'érotomanie. Une étude de 2005 a examiné les données de 32 patients atteints d'érotomanie et a constaté que la plupart étaient des femmes célibataires, âgées de 25 à 44 ans. Les patients atteints d'érotomanie présentaient des niveaux plus élevés de dépression, d'anxiété et de troubles de la personnalité que le groupe témoin. Les résultats ont également montré que l'érotomanie était associée à des pensées suicidaires et à des comportements violents envers la personne de leur affection.

Une autre étude a examiné les niveaux de dopamine chez les patients atteints d'érotomanie. Les résultats ont montré que les patients atteints d'érotomanie présentaient des niveaux plus élevés de dopamine que le groupe témoin. La dopamine est un neurotransmetteur associé à la récompense, la motivation et le désir, ce qui peut expliquer la fixation obsessionnelle de la personne atteinte d'érotomanie.

Les études sur l'érotomanie sont relativement rares en raison de la rareté de ce trouble. Cependant, il existe des preuves scientifiques pour soutenir que l'érotomanie est un trouble psychiatrique distinct.

Gaëtan Gatian de Clérambault était un psychiatre français célèbre pour ses travaux sur l'érotomanie et le syndrome de

Clérambault (également connu sous le nom de délire de relation). Il est né le 12 septembre 1872 à Bourges, en France et est décédé le 17 février 1934 à Paris. Il a travaillé au sein de l'Assistance Publique de Paris et a été professeur à la Faculté de médecine de Paris. Clérambault a publié de nombreux ouvrages sur la psychiatrie, notamment "Psychoses Passionnelles" en 1921, qui a été largement reconnu pour sa description détaillée de l'érotomanie. Ses travaux ont influencé le développement de la psychiatrie moderne et continuent d'être étudiés aujourd'hui. Au début du 20e siècle, il a mené plusieurs recherches sur l'érotomanie et a décrit cette condition comme un type particulier de délire passionnel.

De Clérambault a étudié la manière dont les érotomanes perçoivent les signaux de communication non verbaux de leur objet de désir, en interprétant souvent chaque interaction avec la personne cible comme une preuve de son amour caché. Il a également examiné la manière dont les érotomanes justifient leurs comportements obsessionnels en évoquant des preuves imaginaires de l'amour de leur objet de désir. Il est également parmi les premiers à évoquer que les érotomanes visent en particulier des personnes ayant un rang social plus élevé qu'eux et pour qui ils ont une certaine forme d'admiration.

De Clérambault a souligné l'importance de comprendre la psychologie des érotomanes et de leur offrir des soins psychiatriques appropriés. Il a également mis en garde contre le risque de violence et d'agression chez les érotomanes, en particulier lorsque leurs croyances délirantes sont menacées.

Au début du XXe siècle, Clérambault a étudié des cas d'érotomanie dans des hôpitaux et des cliniques psychiatriques français. Il a observé que la croyance délirante était généralement détenue par des femmes envers des hommes, et que l'intérêt amoureux imaginé était souvent quelqu'un qu'elles n'avaient jamais rencontré ou avec qui elles avaient seulement eu une brève rencontre. Le délire pouvait également être accompagné de comportements de harcèlement et parfois même de tentatives de contact ou d'approche envers l'objet de leur affection.

Clérambault a identifié trois étapes de l'érotomanie. Dans la première étape, le patient éprouve une forte attraction romantique normale envers l'objet de son affection. Dans la deuxième étape, le patient est convaincu que l'objet de son affection est amoureux de lui, malgré toute preuve du contraire. Dans la troisième étape, le patient peut devenir en colère ou vindicatif envers l'objet de son affection si son délire est remis en question ou s'il n'est pas réciproque.

Clérambault a également noté que l'érotomanie était souvent comorbide avec d'autres troubles psychiatriques tels que la schizophrénie, le trouble bipolaire ou la dépression. Il a proposé que l'érotomanie puisse être un mécanisme de défense contre les sentiments de faible estime de soi ou d'abandon, permettant au patient de se sentir important et désiré.

Le travail de Clérambault sur l'érotomanie était novateur à l'époque et a contribué à accroître la sensibilisation et la compréhension de ce trouble rare. Ses observations et la classification du trouble ont influencé les recherches et les critères diagnostiques ultérieurs.

Les recherches de de Clérambault ont été importantes pour la compréhension et le traitement de l'érotomanie, et ont influencé de nombreux travaux ultérieurs sur le sujet. Aujourd'hui, l'érotomanie est considérée comme un trouble psychiatrique sérieux et est traitée par des professionnels de la santé mentale.

En 1986, le psychiatre expert en droit de la santé mentale américain **Harold W. W. Merskey** a publié une étude dans laquelle il a analysé 27 cas d'érotomanie. Merskey a conclu que l'érotomanie était un trouble psychiatrique distinct qui se caractérisait par une croyance délirante en un amour non partagé.

Depuis lors, d'autres études ont été menées pour examiner les caractéristiques de l'érotomanie, les facteurs de risque et les traitements.

Merskey a publié plusieurs articles et livres sur le sujet et est largement considéré comme l'un des principaux experts du trouble. Voici quelques-unes de ses découvertes importantes sur l'érotomanie :

- Diagnostic de l'érotomanie : Merskey a joué un rôle clé dans l'élaboration des critères diagnostiques de l'érotomanie utilisés dans le DSM-IV. Les critères diagnostiques comprennent une illusion persistante selon laquelle une autre personne est amoureuse de l'individu, malgré des preuves claires du contraire.
- Profil démographique des érotomanes : Merskey a constaté que les érotomanes sont plus souvent des femmes que des hommes, bien que les hommes soient plus susceptibles d'avoir des comportements violents.
- Caractéristiques de l'érotomanie : Merskey a observé que les érotomanes peuvent manifester des comportements d'espionnage, de harcèlement et de persécution envers l'objet de leur affection, ainsi que des comportements autodestructeurs.
- Traitements de l'érotomanie : Merskey a préconisé une approche globale pour traiter l'érotomanie, qui comprend des médicaments, une psychothérapie et d'autres formes de soutien. Il a souligné que l'érotomanie est un trouble très résistant au traitement et qu'une approche à long terme est nécessaire pour obtenir des résultats positifs.

En résumé, Harold W. W. Merskey a fait des contributions significatives à la compréhension de l'érotomanie, en élaborant des critères diagnostiques et en soulignant l'importance d'une approche globale pour le traitement. Ses découvertes ont continué d'influencer les efforts de recherche et de traitement dans ce domaine.

2. <u>Les causes / facteurs de l'érotomanie :</u>

L'érotomanie est un trouble mental complexe et rare, et les causes précises de ce trouble sont encore largement inconnues. Cependant, plusieurs facteurs ont été identifiés comme ayant une influence sur le développement de l'érotomanie.

- **Facteurs biologiques**

  Les facteurs biologiques peuvent jouer un rôle dans le développement de l'érotomanie. Certaines études ont suggéré que des anomalies dans la structure ou la fonction du cerveau pourraient être impliquées. Des recherches ont également suggéré que certains troubles de la personnalité, tels que la schizophrénie ou le trouble bipolaire, peuvent augmenter le risque de développer l'érotomanie.

- **Facteurs psychologiques**

  Les facteurs psychologiques peuvent également jouer un rôle dans le développement de l'érotomanie. Les personnes atteintes de ce trouble ont souvent des problèmes de confiance en elles, une faible estime de soi et des difficultés à établir des relations intimes. Elles peuvent également avoir des antécédents de rejet ou d'abandon émotionnel, qui peuvent contribuer à leur obsession pour une autre personne.

- **Facteurs environnementaux**

Les facteurs environnementaux peuvent également jouer un rôle dans le développement de l'érotomanie. Les traumatismes émotionnels, tels que le harcèlement ou l'abus, peuvent augmenter le risque de développer ce trouble. Les événements stressants de la vie, tels que la perte d'un emploi ou la rupture d'une relation, peuvent également contribuer au développement de l'érotomanie.

3. **Les symptômes de l'érotomanie :**

Les symptômes doivent durer au moins un mois et ne peuvent pas être causés par une autre condition médicale ou psychiatrique.

L'érotomane manifeste son intérêt pour l'objet de son désir de différentes manières, mais toutes ces manières sont basées sur une croyance erronée et obsessionnelle que la personne cible partage les mêmes sentiments amoureux. L'érotomane peut interpréter chaque comportement de la personne cible comme un signe de son amour caché. Les symptômes de l'érotomanie peuvent varier, mais ils incluent généralement :

- Une croyance délirante persistante selon laquelle une personne de statut élevé ou célèbre est amoureuse d'elle.
- Des comportements obsessionnels envers la personne qu'elle croit aimer en retour, tels que l'envoi de lettres, courriels, des textes ou des cadeaux, même après avoir été ignoré ou rejeté de cadeaux.
- Une insistance à croire en cette croyance, malgré toute preuve contraire.
- Des troubles émotionnels, tels que l'anxiété ou la dépression, qui peuvent être exacerbés si la personne ne reçoit pas de réponse de la personne qu'elle croit aimer.
- Suivre ou espionner la personne cible, en la suivant partout où elle va ou en surveillant ses activités en ligne.

- Chercher à entrer en contact avec la personne cible, en la harcelant par téléphone ou en s'introduisant dans sa vie de différentes manières.
- Croire que des signaux cachés lui sont envoyés, comme des messages codés dans les journaux ou à la télévision.
- Établir un lien avec la personne cible en lui faisant croire qu'elle est importante, qu'elle est la seule qui puisse le comprendre ou le sauver.
- Envisager de faire des déclarations d'amour publiques, d'enlever la personne cible ou de commettre des actes violents envers elle ou contre lui-même.

Ces comportements peuvent être très envahissants et inquiétants pour la personne cible et peuvent parfois conduire à des situations dangereuses. Il est important de chercher de l'aide si vous êtes victime de harcèlement érotomane ou si vous connaissez quelqu'un qui en est victime.

4. <u>Le harcèlement érotomane</u>

Le harcèlement érotomane est un comportement obsessionnel qui implique une personne qui poursuit ou harcèle une autre personne qu'elle croit être amoureuse d'elle, même si cette personne n'a aucun intérêt ou n'est même pas au courant de l'existence de l'érotomane.

Ce type de harcèlement peut être très dangereux pour la victime, car il peut entraîner une perte de contrôle chez l'érotomane et mener à des comportements violents ou criminels.

La prévention du harcèlement érotomane est importante et peut être réalisée en éduquant les gens sur les signes avant-coureurs du harcèlement érotomane et en encourageant les victimes à signaler tout comportement suspect aux autorités compétentes.

Il est également important de chercher de l'aide auprès d'un professionnel de la santé mentale pour vous aider à faire face aux émotions et aux traumatismes causés par le harcèlement érotomane.

Se débarrasser du harcèlement d'un érotomane peut être difficile, car ces individus peuvent être très persistants dans leur poursuite de leur objet de désir. Cependant, il existe des mesures que les victimes peuvent prendre pour se protéger et mettre fin au harcèlement :

- Prendre au sérieux la menace : il est important de ne pas minimiser la situation et de prendre au sérieux les actions de l'érotomane. Il est essentiel de se rappeler que ce comportement est dangereux et peut potentiellement être violent.
- Mettre en place des mesures de sécurité : la sécurité personnelle doit être une priorité absolue. Cela peut impliquer des mesures telles que l'installation d'un système de sécurité à domicile, le verrouillage des portes et des fenêtres, l'utilisation de transport en commun au lieu de conduire, etc.
- Restriction de contact : si possible, éliminez tout contact avec l'érotomane ou réduisez-les au strict minimum. Ne répondez pas à ses appels, courriels ou messages, ne le rencontrez pas en personne. Si cela n'est pas possible, limitez les interactions à un cadre professionnel ou public.
- Obtenez de l'aide : il est important de demander de l'aide aux autorités compétentes, telles que la police ou les professionnels de la santé mentale. Ces professionnels peuvent fournir des conseils et des stratégies pour aider à gérer la situation.
- Obtenez une ordonnance restrictive : une ordonnance restrictive peut être obtenue pour limiter le contact entre la victime et l'érotomane. Cela peut inclure des ordres de restriction, de contact ou d'éloignement.
- Faites appel à un avocat : si l'érotomane a violé la loi, vous pouvez consulter un avocat pour obtenir des conseils

juridiques et envisager des mesures légales telles que déposer une plainte ou intenter une action en justice.

Il est important de se rappeler que se débarrasser du harcèlement d'un érotomane peut être difficile et nécessite souvent l'aide de professionnels. Il est important de prendre des mesures de sécurité pour protéger votre bien-être personnel et de rechercher de l'aide professionnelle pour gérer la situation.

Dans tous les cas, ne jetez aucune lettre, aucun cadeau, n'effacez aucun sms, gardez méticuleusement toute preuve de son harcèlement. Ces éléments vous seront extrêmement précieux par la suite pour prouver le comportement harcelant de l'érotomane.

5. <u>Traitements contre l'érotomanie / Guérison</u>

L'érotomanie est un trouble mental complexe et persistant, et le processus de guérison dépend de plusieurs facteurs, notamment la gravité du trouble, la durée de la maladie et la réceptivité du patient au traitement.

En général, l'érotomanie est considérée comme un trouble psychiatrique difficile à traiter et les patients peuvent nécessiter une intervention médicale à long terme pour obtenir une amélioration significative. Le traitement de l'érotomanie implique souvent des thérapies psychologiques, comportementales et cognitivo-comportementales pour aider le patient à comprendre ses croyances délirantes, à modifier ses perceptions et à adopter des comportements plus appropriés. Des médicaments antipsychotiques ou psychotropes peuvent également être utilisés pour traiter les symptômes associés à l'érotomanie, tels que les hallucinations, les idées délirantes, les symptômes psychotiques ou dépressifs associés au trouble. Dans les cas les plus graves, une hospitalisation peut être nécessaire pour la sécurité de la personne et des autres.

Le pronostic de l'érotomanie varie d'un individu à l'autre, mais certaines personnes peuvent guérir complètement avec le temps et un traitement approprié. Cependant, pour d'autres, l'érotomanie peut être un trouble persistant et nécessiter une surveillance médicale à long terme.

C. COMPRENDRE LE SCHÉMA DE PENSÉE DE L' ÉROTOMANE ET INTÉRAGIR AVEC LUI QUAND VOUS ÊTES L'OBJET DE SON DÉSIR

1. La communication avec l'érotomane

La communication avec une personne souffrant d'érotomanie peut être difficile et nécessite souvent une approche délicate et professionnelle. Les érotomanes peuvent être très insistants dans leur quête pour établir un contact avec l'objet de leur désir, et peuvent mal interpréter les signaux sociaux ou les interactions amicales comme des signes d'amour réciproque.

Il est important de garder à l'esprit que les érotomanes ont une conviction délirante, et qu'il est peu probable que la communication rationnelle ou la raison puissent les convaincre que leur croyance est fausse.

Si vous êtes confronté à une situation où vous êtes l'objet du désir d'un érotomane, il est important de mettre en place des limites claires et de communiquer fermement mais calmement que vous n'êtes pas intéressé par une relation amoureuse avec cette personne.

Si le comportement de l'érotomane devient insistant, vous verrez que toute tentative d'avoir une discussion constructive avec lui est vaine. L'érotomane voit que vous n'êtes pas d'accord mais il ne peut entendre et encore moins accepter votre refus. Vous vous apercevrez qu'il vous chosifie, ne vous traite pas comme un être humain disposant de son libre arbitre et qui a le droit de choisir ses relations amoureuses. Vous deviendrez une chose, un trophée à conquérir. Il vous met sur un piédestal, pense que vous êtes inaccessible mais en même temps, vous traitera comme un objet.

S'il est menaçant ou dangereux, il est important de contacter sans tarder les autorités compétentes ou les professionnels de la santé mentale pour obtenir de l'aide et du soutien.

2. L'effet miroir de la psychologie de l'érotomane

L'effet miroir peut également impliquer une forme d'« empathie » inverse, dans laquelle l'érotomane suppose que la personne imaginaire ressent les mêmes émotions et les mêmes pensées que lui ou elle-même. En d'autres termes, l'érotomane projette son propre état psychologique sur la personne qu'il imagine aimer, créant ainsi une image déformée et irrationnelle de la réalité. Souvent quand l'érotomane vous parle, vous aurez l'impression qu'il vous impute ses propres dires, pensées et actes. Par exemple il va tout faire pour sortir boire un verre avec vous (dans les débuts de vos interactions, du moins) et une fois que vous accepterez sa demande, il peut vous dire « Ah, je veux bien sortir boire un verre avec toi, mais je ne rentrerai pas trop tard ». Comme ci l'idée de boire un verre ensemble venait de vous.

L'érotomane reporte en permanence sur vous, tout ce qu'il désire, dit et fait en les faisant passer pour vos actes, dires et désirs.

3. La mythomanie chez l'érotomane.

La mythomanie, qui est une tendance pathologique et chronique à mentir ou à inventer des histoires imaginaires qui sont souvent extravagantes ou difficiles à croire. Dans le cas de l'érotomane, la personne peut mentir pour justifier sa croyance, pour obtenir l'attention de la personne qu'elle pense être amoureuse d'elle ou pour se protéger de la réalité inacceptable et cruelle à ses yeux.

La psychologie du mythomane est complexe et peut être due à différents facteurs. Vous verrez que certains facteurs rejoignent parfaitement la psychologie de l'érotomane et de ce fait le mensonge devient l'outil par excellence de l'érotomane.

Certains experts en psychologie suggèrent que le comportement du mythomane peut être lié à un trouble de la personnalité, tel que le trouble de la personnalité narcissique ou le trouble de la personnalité borderline. Ces troubles peuvent conduire à un besoin de se sentir important ou aimé, et le mensonge peut être utilisé pour atteindre ces objectifs.

D'autres psychologues ont proposé que le comportement du mythomane puisse être lié à des expériences traumatisantes dans l'enfance, telles que l'abus ou la négligence. Dans ces cas, le mensonge peut être utilisé comme mécanisme de défense pour éviter de faire face à la douleur émotionnelle liée à ces expériences.

Il est important de noter que tous les mensonges ne sont pas nécessairement liés à un trouble mental ou à des expériences traumatisantes. Certaines personnes peuvent mentir pour des raisons plus simples, comme la peur de la confrontation ou le désir de paraître mieux aux yeux des autres.

4. La colère de l'érotomane

Lorsque l'érotomane est confronté à la réalité que la personne qu'il aime ne partage pas ses sentiments, il peut éprouver de la colère et de la frustration. Cette colère peut être dirigée vers la personne aimée ou vers d'autres personnes qui sont perçues comme étant responsables de l'échec de la relation, tels que les amis ou les membres de la famille de la personne aimée.

Dans les cas les plus extrêmes, l'érotomane peut devenir violent ou menaçant envers la personne qu'il aime ou les personnes qu'il perçoit comme des obstacles à leur relation. Il est important de noter que ces comportements ne sont pas une caractéristique universelle de l'érotomanie, mais plutôt une manifestation possible de la colère et de la frustration qui peuvent survenir lorsque la personne aimée ne partage pas les sentiments de l'érotomane.

La colère de l'érotomane peut revêtir un caractère très spectaculaire. Ce n'est pas une colère sournoise, cachée mais bien éclatante et ouvertement affichée. Dans une situation d'explosion de colère, l'érotomane peut avoir le visage déformé, le langage corporel exprimant son courroux. Souvent, lorsque vous verrez l'érotomane en colère (et si vous êtes l'objet du désir), vous aurez l'impression de voir un enfant piquant une colère noire devant vous. Cela reflète son immaturité émotionnelle et psychologique.

5. Les érotomanes à l'ère des réseaux sociaux.

Les réseaux sociaux peuvent contribuer au culte de la personnalité de différentes manières. Les individus peuvent devenir célèbres et suivis par un grand nombre de personnes grâce à leurs activités en ligne, et leur popularité peut être amplifiée par des algorithmes de recommandation de contenu qui mettent en avant les publications les plus likées et partagées.

Cela peut conduire à une surexposition de la personne, à une vénération excessive et à une adulation de la part de ses followers. Le culte de la personnalité peut également être exacerbé par le biais d'outils de marketing de soi tels que l'achat de followers, de likes ou de commentaires, qui peuvent créer une fausse impression de popularité et renforcer l'image de la personne en question.

Avec l'essor des réseaux sociaux, l'érotomanie peut se manifester de différentes manières.

D'une part, les réseaux sociaux peuvent faciliter la fixation érotomaniaque sur une personne, même si celle-ci n'est pas connue. Les érotomanes peuvent envoyer des messages et des photos à la personne de leur obsession, poster des commentaires sur son profil ou même créer des comptes de faux profils pour la surveiller. Les réseaux sociaux peuvent également fournir aux érotomanes des informations sur la personne qu'ils poursuivent, telles que son emploi du temps ou ses lieux de prédilection, facilitant ainsi leur suivi.

D'autre part, les réseaux sociaux peuvent également jouer un rôle dans la dissémination de l'érotomanie. Les érotomanes peuvent partager leurs sentiments délirants avec d'autres personnes en ligne, entraînant potentiellement des comportements de harcèlement collectif. En outre, la possibilité de rester anonyme en ligne peut encourager les érotomanes à se livrer à des comportements de harcèlement en toute impunité. Si vous êtes victime d'érotomane en ligne entre autres, il conviendra de les bloquer et de rester discret sur votre vie privée car ils peuvent aussi, comme déjà évoqué, changer de compte sur les réseaux sociaux pour continuer leur traque.

Il est important de noter, toutefois, que toutes les personnes qui sont obsédées par quelqu'un sur les réseaux sociaux ne souffrent pas nécessairement d'érotomanie.

D. LES ÉROTOMANES CÉLÈBRES

Les stars de cinéma

Comme nous l'avons vu, l'érotomane jette son dévolu sur une personne de rang social plus élevée qu'elle ou à la notoriété publique importante. Ces facteurs en font des objets du désir convoités par l'érotomane. Les personnalités publiques, artistes, hommes ou femmes politiques, stars de cinéma sont *de facto*, des personnes attirant fortement l'érotomane. Toutes les affaires suivantes ayant ébranlé le monde du cinéma, ont été largement médiatisées et ont mis en lumière les risques de la célébrité et l'importance de la protection de la vie privée des personnalités publiques. Elles ont également encouragé une meilleure compréhension et une plus grande sensibilisation aux troubles mentaux tels que l'érotomanie, qui peuvent conduire à des comportements dangereux et illégaux. Elles ont également engendré d'importants renforcements des lois de protection de la vie privée des célébrités.

1. John Hinckley Junior

John Hinckley Jr., un homme américain est devenu célèbre pour avoir tenté d'assassiner le président américain Ronald Reagan en 1981, dans l'espoir d'impressionner l'actrice Jodie Foster, dont il était amoureux à distance. Il a été diagnostiqué avec un trouble mental, notamment une forme d'érotomanie.

Hinckley avait développé une obsession pour l'actrice Jodie Foster, à qui il avait envoyé des lettres et des cadeaux.

Hinckley a été jugé et déclaré non coupable pour raisons de santé mentale, en raison de son diagnostic d'érotomanie et de schizophrénie. Il a été placé dans un établissement psychiatrique où il a reçu un traitement approprié pour sa maladie mentale.

Au fil des ans, Hinckley a été autorisé à passer des périodes de temps limitées hors de l'établissement psychiatrique, sous surveillance étroite, pour rendre visite à sa famille. En 2016, il a été libéré de l'établissement psychiatrique à temps plein, sous certaines conditions strictes, telles que la poursuite d'un traitement psychiatrique régulier et l'interdiction de contacter Jodie Foster ou toute autre célébrité.

2. Robert John Bardo

Robert John Bardo était un érotomane américain qui est devenu célèbre pour avoir assassiné l'actrice de la série télévisée "Voyage au fond des mers", Rebecca Schaeffer, en 1989.

Bardo avait développé une obsession pour Schaeffer après avoir vu son apparition dans un épisode de la série en 1986. Il avait commencé à écrire des lettres d'amour et à envoyer des cadeaux à l'actrice, mais ses avances ont été ignorées. Bardo a ensuite décidé de rencontrer Schaeffer en personne et s'est rendu à son domicile à Los Angeles en juillet 1989.

Lorsque Schaeffer a répondu à la porte, Bardo lui a tiré dessus, la tuant instantanément. Il a été arrêté plus tard et a été jugé coupable de meurtre au premier degré. Bardo a été condamné à la prison à vie sans possibilité de libération conditionnelle.

Les psychiatres qui ont examiné Bardo ont conclu qu'il souffrait d'érotomanie.

3. Helena Douglas

Plusieurs femmes érotomanes ont harcelé Robert De Niro au fil des ans, mais l'une des plus célèbres est probablement Helena Douglas.

Douglas a commencé à envoyer des lettres et des cadeaux à De Niro dans les années 1990, affirmant qu'elle était son âme sœur et qu'ils étaient destinés à être ensemble. Elle a commencé à se présenter à ses événements publics et à envoyer des lettres menaçantes à sa famille et à ses collègues.

Douglas a également été arrêtée pour avoir harcelé De Niro sur le plateau de tournage de l'un de ses films en 2002. Elle a été condamnée à cinq ans de probation et interdite d'entrer en contact avec De Niro.

Les psychiatres ont diagnostiqué Douglas comme étant érotomane, elle a été admise dans un hôpital psychiatrique en 2005 pour traitement.

Les personnalités historiques :

1. Giovanni Bartolomeo Rastrelli

Giovanni Bartolomeo Rastrelli était un célèbre architecte italien qui a travaillé pour la cour impériale russe au XVIIIe siècle. Il est surtout connu pour avoir conçu et supervisé la construction du célèbre palais d'hiver à Saint-Pétersbourg.

Cependant, Rastrelli était également connu pour son érotomanie envers Élisabeth Petrovna, l'impératrice de Russie de 1741 à 1761.

Rastrelli était convaincu qu'Élisabeth Petrovna partageait ses sentiments et que leur amour était réciproque, malgré toutes les preuves du contraire. Il a construit plusieurs bâtiments et palais pour l'impératrice en utilisant des motifs et des symboles qui, selon lui, témoignaient de leur amour.

Il a également écrit des lettres passionnées et délirantes à l'impératrice, dans lesquelles il exprimait ses sentiments amoureux et sa souffrance de ne pas pouvoir être avec elle. Malheureusement pour Rastrelli, l'impératrice n'a jamais partagé ses sentiments et a même été effrayée par sa passion dévorante.

Malgré cela, Rastrelli a continué à travailler pour la cour impériale et a continué à construire des bâtiments pour l'impératrice jusqu'à sa mort.

2. Adèle H.

Adèle H. était une jeune femme française née en 1860 et issue d'une famille bourgeoise aisée. Elle a été connue pour son comportement étrange et obsessionnel envers un homme plus âgé, un officier de l'armée française, le Lieutenant-Colonel Albert.

Adèle était profondément amoureuse d'Albert, mais il ne partageait pas ses sentiments et n'avait aucun intérêt pour elle. Malgré cela, Adèle a continué à le harceler de lettres, de cadeaux et à le suivre partout où il allait. Elle a même emménagé dans un appartement à côté du sien pour être près de lui en permanence.

Adèle était convaincue qu'Albert l'aimait en retour, même s'il lui avait clairement indiqué le contraire. Elle a commencé à avoir des hallucinations et des idées délirantes, croyant qu'Albert la cherchait et la persécutait. Elle a également commencé à écrire des poèmes et des romans érotiques, dans lesquels elle décrivait des fantasmes sexuels avec Albert.

Finalement, la famille d'Adèle a fini par découvrir son comportement étrange et l'a fait interner dans un hôpital psychiatrique. Elle y est restée pendant plusieurs années, mais son état ne s'est jamais amélioré. Elle est décédée en 1915, à l'âge de 55 ans.

Le cas d'Adèle H. a été étudié par plusieurs psychiatres et a inspiré plusieurs œuvres artistiques, notamment le film "L'histoire d'Adèle H." de François Truffaut en 1975.

E. CONCLUSION

En résumé, l'érotomanie est un trouble mental rare et complexe. Bien que les causes précises de ce trouble ne soient pas encore entièrement comprises, des facteurs biologiques, psychologiques et environnementaux peuvent jouer un rôle dans son développement. Les personnes atteintes de l'érotomanie ont souvent des difficultés à établir des relations intimes et peuvent avoir des antécédents de traumatismes émotionnels ou de rejet et souffrir d'une profonde faille narcissique. Si vous êtes victime d'un érotomane, entourez-vous des bonnes personnes et appliquez les consignes évoquées dans ce guide pour vous protéger. Les érotomanes, pour les plus fins et intelligents d'entre eux, sont d'excellents manipulateurs. Ils vous observent, vous étudient et vous admirent avant de s'enticher de vous et de rendre votre vie infernale. Soyez aux aguets des signes précurseurs et agissez dès que vous pouvez en coupant les ponts, dans la mesure du possible.

À PROPOS DE L'AUTEUR

Veda Keirell est une ancienne journaliste reconvertie en communication d'entreprise. Originaire de l'île Maurice, elle arrive en France à ses 19 ans, seule, sans carnet d'adresse ni connaissance de la culture française. Épouse et maman épanouie, elle décide de gravir les échelons en entreprise. C'est là qu'elle découvre le lot de bonheur et de déconvenues liés au statut de la femme qui réussit à un jeune âge en entreprise. En 2023 elle se lance dans l'écriture de son premier livre qu'elle espère être l'antidote du poison destructeur qu'est l'érotomanie.